»Die Gedichte dieses Bandes entstanden – von leicht erkennbaren Ausnahmen abgesehen – in den letzten drei Jahren. Dies gilt für den Inhalt beider Abteilungen.

›Später Spagat‹ versucht noch einmal jene Verbindung von Standbein und Spielbein, Ernstbein und Spaßbein, Verschlüsselbein und Entschlüsselbein, die bereits das Ziel meiner vorherigen Gedichtbände gewesen ist.

Nur daß ich diesmal die Aufsatzpunkte des Spagats so reinlich als es ging geschieden habe, wohl wissend, daß auch dieser Spagat eine Mischung wird überbrücken müssen oder doch zumindest können: Jedes noch so ernst gedachte Gedicht kann beim Leser eine untergründige Freude daran erwecken, daß es dem Autor gelungen ist, Worte für das Schwersagbare zu finden. Zugleich vermag der gleiche Leser die Ernsthaftigkeit wahrzunehmen, mit welcher der Autor versucht hat, seinen heiteren Gebilden eine gewisse Dauer zu verleihen.

Ob mir diese Mischung geglückt ist? Darüber mögen andere befinden.«

Robert Gernhardt

Robert Gernhardt wurde 1937 in Reval/Estland geboren, studierte Malerei und Germanistik in Stuttgart und Berlin. Durch rege publizistische Tätigkeit in vielen Formen und Genres wurde er zum bedeutendsten Vertreter der »Neuen Frankfurter Schule«. Seit 1996 erscheint sein Werk im Fischer Taschenbuch Verlag und seit 2002 auch im S. Fischer Verlag. Seit 1964 lebte er als freiberuflicher Schriftsteller, Karikaturist, Maler und Zeichner in Frankfurt am Main. Dort ist er am 30. Juni 2006 gestorben.

Unsere Adresse im Internet: www.fischerverlage.de

Robert Gernhardt

SPÄTER SPAGAT

Gedichte

Fischer Taschenbuch Verlag

Für L.

Veröffentlicht im Fischer Taschenbuch Verlag,
einem Unternehmen der S. Fischer Verlag GmbH,
Frankfurt am Main, Juni 2008

© 2008 Fischer Taschenbuch Verlag
in der S. Fischer Verlag GmbH, Frankfurt am Main
Druck und Bindung: CPI – Clausen & Bosse, Leck
Printed in Germany
ISBN 978-3-596-17570-3

INHALT

I   Standbein   7
II Spielbein   67

    Inhaltsverzeichnis   115

I STANDBEIN

POVERA TOSCANA 1998

Du kommst an, und dein Blick empört sich:

Bella Toscana?
Die Bäume fast blattlos
Die Trauben saftlos
Die Hänge farblos
Und das im September!
Doch es fiel ja seit Juni
kein Tropfen Regen:
Warum nicht gleich morgen wieder abreisen?

Du wachst auf, und dein Blick erbarmt sich:

Verbrannte Toscana
Wie warst du vor Jahr und Tag
blätter- und früchtevoll
makel- und fehlerlos
War das ein September!
Nun dieser verhärmte
kummer- und jammervoll:
Schwer, dich gerade jetzt im Stich zu lassen!

Du bleibst da, und dein Blick verklärt sich:

Tapfre Toscana!
Hier hats ja noch Blätter
Da schwelln ja noch Trauben
Dort grünt ja ein Hang noch
Wie er wohl endet,
der Monat? Nicht glanz-
aber stilvoll?
Das wenigstens sollte man ja wohl noch abwarten können!

Du reist ab, und dein Blick umflort sich:

Cara Toscana!
Die Bäume so blattlos
Die Trauben so saftlos
Die Hänge so farblos
Und das im September!
Doch alte Liebe
rostet nicht!

Oder liebt da ein rostender Alter?

TOSCANA, 2002

Zypressen muß ich nicht haben.
Nicht welche, die sichtbar vergehen.
Was stehen die in der Landschaft rum?
Das Vergehen muß ich nicht sehen.

Das zieht sich ganz schön, dieses Sterben.
Das ist eine Sache von Jahren.
Weshalb die so langsam den Bach runtergehn?
So genau muß ich das nicht erfahren.

Zypressen muß ich nicht sehen.
Was nicht da ist, kann keiner vermissen.
Warum mich das alles so total nervt?
All das muß ich wirklich nicht wissen.

GROSSES MONTAIESERMITTAGS-
VERWEIGERUNGSGEDICHT
VOM 30. MAI 2002

Wenn ich mich aufsetzte,
was ich nicht tue –
Alter Mann ist kein D-Zug,
er braucht seine Ruhe –:

Wenn ich mich aufrichtete,
was ich nicht mache –
Warum nicht? Das tut hier
bei Gott nichts zur Sache –:

Wenn ich jetzt aufstände,
was ich schön lasse –
Mir ist, als ob Aufstehn
nicht recht zu mir passe –:

Wenn ich das täte, wovon ich gesprochen:
Ich sähe die schönste Toscana seit Wochen.

WIEDERSEHN UND ABSCHIED
AM 27. JUNI 2004

Es tut mir in der Seele weh,
wenn ich dich seh, Badía See.

Einst warst du rings von Wald umsäumt,
im Schilf versteckt, im Grün verträumt.

Heut liegt dein Ufer bloß und nackt.
Da haben Menschen zugepackt.

Einst warst du voll Gesumm, Gesang,
Getier, Gefrosch, Gelurch, Geschlang.

Heut summt nichts mehr, heut fliegt nichts mehr.
Dank Menschen bist du tiereleer.

Einst sprang ich nackt in dich hinein:
Hier war ich Mensch, hier durft ichs sein.

Heut lohnts nicht mehr, sich auszuziehn.
Wo Menschen wüten, muß Mensch fliehn.

Einst schlug mein Herz, wenn ich dich sah.
Heut geht mir deine Nacktheit nah.

Grad, daß mich keine Träne näßt.
Wir Menschen sind schon eine Pest.

VON ZWEIERLEI SCHWEINEN

Stachelschweine fräßen seine Ernten,
seien jede Nacht gewaltig tätig,
dennoch sehe er sich außerstande,
diese Räuber einfach zu erschlagen,
seit er einmal eines dieser Tiere
angefahren aufgefunden habe,
bereits tot, mit ausgestreckten Ärmchen,
die in kleinen Händchen ausgelaufen seien,
regelrechten Kinderhändchen, Babyhändchen,
derart menschlich, daß schon der Gedanke,
solch ein zartes, handbegabtes Wesen
zu erschlagen, ihm wie Frevel schiene …

Seinen Blick auf seine Hände senkend,
achtzigjährig, doch auch die warn einmal
Kinderhändchen, schwieg Danilo lange,
um dann unversöhnlich fortzufahren:

Anders läg der Fall bei wilden Schweinen,
die sich gleich den Stachelschweinen unterständen,
Nacht für Nacht auf seinem Feld zu wildern.
Kinderhändchenlos, dafür voll Hufen,
hätten sie's sich selber zuzuschreiben,
wenn der Mensch sie ohne Gnade tilge …

Seine Hände wie zu Hufen ballend
hielt Danilo ein, worauf ein Grunzen,
schweinemäßig, das in Greisenlachen
überging, die Morgenstille sprengte.

RÜCKBLICK, EINSICHT, AUSBLICK

Durch die Landschaft meiner Niederlagen
gehe ich in meinen alten Tagen:

Abends ist es am schlimmsten. Das Streiflicht
der nur langsam untergehenden Sonne
modelliert die fernen gefalteten Berge,
die nahen gespaltenen Steine, kurz alles,
was sich ihm in den Weg stellt.

Abends war es am schönsten. Den Lichtstreif
der untergehenden Junisonne
für immer festzuhalten, verbrachte
ich Stunden um Stunden vor Leinwand und Landschaft,
ein Weg ohne Ende.

Abends war er am stärksten, der Eindruck,
diesmal den treffendsten Ausdruck zu finden
fürs glorreiche Ineinander der Lichter,
der Schatten, der Dinge, der Farben: Du bist
auf dem richtigen Wege!

Abends ist sie am stärksten, die Einsicht:
Du warst deiner Aufgabe niemals gewachsen.
Immer noch flüchtig das Licht. Nur ein Schatten
davon auf deiner Leinwand zu ahnen,
kein Weg, eine Sackgasse.

Abends ist es am schönsten. Der Streifzug
rund um den Hügel von Montaio
berückt und verzückt und beglückt wie damals.
Verrückter Gedanke, das halten zu wollen,
was nur Schein und dann weg ist:

Durch die Landschaft meiner Niederlagen
geh ich wie in alten Tagen.

KREBSFAHRERLIED
oder
AUF DEM WEG ZUR CHEMOTHERAPIE
IM KLINIKUM VALDARNO
oder
DIE HOFFNUNG STIRBT ZULETZT

Durch die Auen,
durch die Triften
reise ich, mich zu vergiften.

Winde säuseln,
Strahlen blitzen,
bald werd ich am Gifttropf sitzen.

Hügel locken,
Berge blauen,
schon kann ich das Gifthaus schauen.

Durch die Flure,
durch die Weiten
sieht man mich zum Giftraum schreiten,

Um dort über
viele Stunden
an dem Gifte zu gesunden.

Oder auch nicht.

AUS DEM LIEDER- UND HADER-
BÜCHLEIN DES ROBERT G.

SCHULDCHORAL I

O Robert hoch in Schulden
vor Gott und vor der Welt!
Was mußt du noch erdulden,
bevor dein – nein, nicht Gulden –,
bevor dein Groschen fällt?

Dein Groschen war einst golden,
nun ist er eitel Blei.
Und mit dem Kind, dem holden,
dem Frühling und den Dolden
ist es schon lang vorbei.

Spiel also nicht den Helden,
der noch auf Unschuld hält.
Schuld muß der Mensch vergelden.
Wann dürfen wir vermelden,
daß auch *dein* Groschen fällt?

GEH AUS MEIN HERZ
oder
ROBERT GERNHARDT
LIEST PAUL GERHARDT
WÄHREND DER CHEMOTHERAPIE

Geh aus mein Herz und suche Leid
in dieser lieben Sommerszeit
an deines Gottes Gaben.
Schau an der schönen Gifte Zier

und siehe, wie sie hier und mir
sich aufgereihet haben.

Die Bäume stehen voller Laub.
Noch bin ich Fleisch, wann werd ich Staub?
Ein Bett ist meine Bleibe.
Oxaliplatin, Navoban,
die schauen mich erwartend an:
Dem rücken wir zuleibe.

Die Lerche schwingt sich in die Luft.
Der Kranke bleibt in seiner Kluft
und zählt die dunklen Stunden.
Die hochbezahlte Medizin
tropft aus der Flasch' und rinnt in ihn.
Im Licht gehn die Gesunden.

Die Glucke führt ihr Völkchen aus.
Der Mensch verfällt im Krankenhaus
ganz lärmbedingtem Grimme.
Des Baggers Biß, der Säge Zahn,
die hören sich viel lauter an
als jede Vogelstimme.

Die Bächlein rauschen durch den Sand.
Wie gern säß ich an ihrem Strand
voll schattenreicher Myrten.
Die Wirklichkeit liegt hart dabei.
Sie ist erfüllt vom Wehgeschrei
der Kranken und Verwirrten.

Die unverdroßne Bienenschar
nimmt summend ihren Auftrag wahr
und nascht an jeder Blüte.
Mir brummt der Kopf, mir taubt die Hand,
statt süßem Duft füllt wüster Sand
mir Seele und Gemüte.

Der Weizen wächset mit Gewalt.
Ich aber fühl mich dürr und alt,
das Weh verschlägt mirs Loben
des, der so überflüssig labt
und mit so manchem Gut begabt:
Des hohen Herrn da oben.

Ich selber möchte nichts als ruhn.
Des großen Gottes großes Tun
ist für mich schlicht Getue.
Ich schweige still, wo alles singt
und lasse ihn, da Zorn nichts bringt,
nun meinerseits in Ruhe.

VON FALL ZU FALL

Herrgott! Ich fiel aus deiner Hand
grad in des Teufels Krallen.
Doch hör! Der kleine Unterschied
ist mir nicht aufgefallen.

FRAGE UND ANTWORT

»Warum muß das alles sein?«
Wer so fragt? Das arme Schwein.
Was das kluge Schwein erwidert?
»Robert, wirst halt ausgegliedert.«

TROTZ

Robert, ach du Armerchen,
dein Gott ist kein Erbarmerchen,
dein Gott ist eine Geißel.
Drum, Robert, stell den Jammer ein.
Dein Gott will dir ein Hammer sein?
Dann sei ihm, Robert, Meißel.

SCHULDCHORAL II

O Robert hoch in Schulden
Vor Gott und vor der Welt,
Was mußt du noch erdulden,
Bevor dein Groschen fällt?
Durch Speien und durch Kotzen,
Läßt der sich nichts abtrotzen,
Der auch dein Feld bestellt.

Dein Feld trägt lauter Dornen
Und Disteln ohne End.
Wie um dich anzuspornen:
Du hast genug geflennt.
Beim Rupfen und beim Jäten
Läßt der wohl mit sich reden,
Den man den Vater nennt.

Dein Vater starb im Morden,
Da warst du noch ein Kind.
So bist du nicht geworden,
Wie andre Menschen sind.
Und mußt dich doch ergeben,
Du hast nur dieses Leben.
Mach also nicht so 'n Wind.

DIALOG

— Gut schaust du aus!
— Danke! Werds meinem
  Krebs weitersagen.
  Wird ihn ärgern.

LOB DER KRANKHEIT

Droht einer mit der Zeit
normal zu versauern,
hilft eine Krankheit ihm,
nicht zu verbauern.

Krankheit macht hellhörig.
Läßt tiefer blicken.
Wer am Verschlanken ist,
kann nicht verdicken.

Ist einer dünnhäutig,
lernt er verstehen,
wie klein der Schritt ist vom
Er- zum Vergehen.

FINGER WEG

Nach dem Befund: »'s liegt Darmkrebs vor«
leckt keiner sich die Finger.
Auch Lebermetastasen sind
nicht grad der Riesenbringer.

Mein Freund, wenn du die beiden triffst,
dann such nicht gleich das Weite.
Komm ihnen auch nicht allzu nah.
Wechsle die Straßenseite.

Doch meistens treffen sie ja dich.
Dann wird zu dritt geschritten:
Primärkrebs links, Zweittumor rechts,
das Schlachtkind in der Mitten.

ASYMMETRIE

Sie rieten mir zu.
Ich spielte mit.
Ich sagte: Nur zu.
Zeigt euren Schneid!

Sie haben mich geschnitten.
Sie nähten mich mit Müh.
Ich habe es erlitten
Und nun ist es zu spät.

Sie haben den Körper aufgetrennt
mit elend scharfen Messern.
Der ich bis dahin war, der Mensch,
den taten sie verschlechtern.

Sie schnitten in die Kreuz und in die Quere.
Sie schnitten ins Gewebe und ins Fett.
Was dann geschah, als sie das Fleisch vernähten,
das war, bei Licht betrachtet, nicht so nachvollziehbar.

Der Mann ist ein Muster an Symmetrie,
Das gilt seit Kain und Abel.
Brustwarze links, Brustwarze rechts,
und mittendrin der Na Sie wissen schon.

Der hängt an alter Stelle.
Kein Grund, das groß zu loben,
denn meinen Nabel hat es
zwei Zoll nach rechts verschlagen.

Ich spiegle mich:
Du armes Mensch!
Wie heißt dein Schöpfer?
Frankenstein?

VON VIEL ZU VIEL

Ich bin viel krank.
Ich lieg viel wach.
Ich hab viel Furcht.
Ich denk viel nach:

Tu nur viel klug!
Bringt nicht viel ein.
Warst einst viel groß.
Bist jetzt viel klein.

War einst viel Glück.
Ist jetzt viel Not.
Bist jetzt viel schwach.
Wirst bald viel tot.

VOM PAAR

»Wenn ich einen Stoff eintrage, von dem
ich nicht weiß, wie er beschaffen ist,
öffnen sich mir nur die Tore des Indus und Samarkands,
und die Dichtung Persiens, die weder mit dem einen
noch dem anderen Ort etwas zu tun hat,
liefert mir mit ihren Vierzeilern, deren dritter Vers reimlos ist,
eine ferne Stütze für meine Unruhe.«
Fernando Pessoa

Über unserm Leben liegt ein Schatten.
Tag für Tag läßt er mich mehr ermatten.
Nacht für Nacht läßt er sie stärker fühlen,
was wir jetzt sind und was wir mal hatten.

Niemals, hör ich, wird der Schatten weichen.
Was als Wink begann, ist nun ein Zeichen,
das uns Nacht für Nacht die Richtung anzeigt:
Was euch früher einte, könnt ihr streichen.

WELT IM WANDEL

Ich bin nicht mehr, der ich mal war.
Das wird mir täglich schmerzhaft klar.
Doch daß ich weiß, wer ich mal war,
verdank ich dem, der ich heut bin:
Die Zeit macht dich nicht nur zur Sau,
sie macht auch schlau, macht sogar Sinn.

WUNSCH

Ach, gebt mir irgendwas,
was mich vergessen läßt,
daß ich vergessen will
und nicht vergessen kann.

Der Haufen dessen wächst,
was ich vergessen muß.
Wächst nirgendwo ein Kraut,
das dem Erinnern wehrt?

Ich fräß es büschelweis,
solang bis ich vergeß,
was dieses Kraut bewirkt
und wie es heißt:

Bratwurst?

STRATEGIEN

Die Krankheit greift den Menschen an:
Hierhin. Dahin.
Bis er's nicht mehr mit ansehn kann:
Dies hierhin. Dies dahin.
Bis er sich nicht mehr ansehn kann:
Nicht hierhin. Nicht dahin.
Bis er begreift: Bin abgetan.
Bin hier hin. Geh dahin.

VON DEN NEBENWIRKUNGEN

GUT UND SCHLECHT

Die gute Nachricht
macht nichts verkehrt.
Sie wird überbracht,
und die Welt scheint verklärt.
Aber die schlechte Nachricht!

Die schlechte Nachricht
macht's niemandem recht.
Wie du sie auch drehst,
sie ist und bleibt schlecht –:
So klingt keine gute Nachricht!

ABSCHIED UND WILLKOMM

Es war in Frankfurt. Mir gings gut,
wie einem, der verreisen tut.

Ich packte grad die Koffer mein,
da traf die schlechte Nachricht ein.

Ich reiste ab und hatte Glück:
Die schlechte Nachricht blieb zurück.

Vier Tag lang lag sie hinter mir,
jetzt fahr ich heim. Das meint: Zu ihr.

Noch sitz ich in der Eisenbahn,
bald wird die Haustür aufgetan.

Und mich lacht als wie ihren Mann
die treue schlechte Nachricht an.

ALS ER VON TAG ZU TAG
1 KG WENIGER WOG

Sollst dich nicht am Durchfall stören.
Sollst auf ihn hören:

Abnehmen, abnehmen –
oder willst du noch etwas ins Grab nehmen?

Abspecken, abspecken –
oder willst du rund und feist im Grab stecken?

Abmagern, abmagern –
oder willst du mehr als nur den Rest ins Grab lagern?

Na also!

Bald bist du ein Gerippe
Fehlt nur noch eine Hippe
Und schon schafft der Freund Hein
Nicht mehr so ganz allein.

Bis dahin aber heißt es:

Abnehmen, abnehmen –
du kannst nun mal nichts mit ins Grab nehmen.

Nicht einmal deinen Durchfall …

VOM FALL INS ALL

Was ich auch immer nehme auf,
beim Durchfall geht es drauf und drauf.

Und nähm ich noch mehr auf und aufer,
auch das ging laufend drauf und draufer.

So daß ich durch und durcher fall.
Erst aus der Welt. Wann aus dem All?

NU

Nu liegste wieder flach
Nu liegste wieder wach
Nu fragste wieder: Warum ich?
Und hörst als Antwort: Wieso nich?

Nu ist dir alles fad
Nu haste den Salat
Nu klagste wieder: Eß ich nich!
Und weißt bereits: Sie frexen dich.

Nu frißte in dich rein
Nu fühlste dich ganz klein
Nu fragste wieder: Ohne Scheiß –
Ist Kranksein der Gesundung Preis?

VERTIKALE BESTANDSAUFNAHME
WÄHREND DER Xten CHEMOTHERAPIE

Meine Zehen: Gestorben.
Von Oxaliplatin verdorben.

Meine Därme: Gepeinigt.
Von Wechselchemie gesteinigt.

Meine Linie: Gebuchtet.
Vom Narbenbruch ausgewuchtet.

Meine Haare: Gerichtet.
Von Irinotecan gelichtet.

Meine Ganglien: Gefährdet.
Vom Unten wird's Oben geerdet.

ERBITUX

Als ich mich noch selber mochte,
nicht grad liebte, aber doch
mich in meiner Haut wohlfühlte,
war der Haut auch wohl.

Wenn ich jetzt darüber fahre,
mag ich nicht, was ich da fühle:
Haut, die rauh und ledern mitteilt,
ihr sei spürbar unwohl.

Es ist aus der Haut zu fahren.
Wär da nicht die Einsicht, daß wir,
Haut und ich, so gut wie eins sind,
wohl oder übel.

BLUT, SCHEISS UND TRÄNEN

Oben blut ich, unten scheiß ich.
Blut und Scheiße treten derart
haltlos mir aus Nase, After,
daß nun auch noch Tränen fließen:

Was verlaßt ihr meinen Körper?
Warum, Scheiße, diese Eile?
War ich, Blut, dir keine Heimstatt?
Weshalb, Träne, dein Gefließe?

Oder seid ihr etwa nichts als Ratten,
die das Schiff, das sie beherbergt,
flugs verlassen, eh der Dampfer
mit dem Rest der Stammbesatzung

absäuft?

NICHT EIGENTLICH

Das nennt man nicht eigentlich schlafen,
wenn man stundenlang wach ist.

Das nennt man nicht eigentlich Tiefe,
wenn das Gedachte nur flach ist.

Das nennt man nicht eigentlich Händel,
wenn die Kantate von Bach ist,

Das nennt man nicht eigentlich jauchzen,
wenn das letzte Wort »Ach« ist.

WORTE, WORTE

Wie schön das blühende Leben!
Da kommt und da geht
ein bezauberndes Wesen,
neigt sich flüchtig zu dir,
muß zurück zum Tresen:
Daß es das gibt! Doch auch das wird sich geben.

Wie schrecklich das welkende Sterben!
Da liegt und da leidet
der Freund auf dem Schragen,
schließt bleich die Augen
und verschließt sich den Fragen:
Das gibt es bei Gott! Dies finale Verderben.

Wie heillos das hilflose Hinsehn!
Da stockt und da schweigt
die Zunge vorm Leben
grad wie vorm Sterben,
gelähmt das Bestreben,
festzuhalten, da doch alle dahingehn.

GEDENKEN

Nie werd ich den sterbenden Fritz vergessen.
Er hatte uns zum Abschied gebeten,
Pit und mich. So sahn wir dem steten
Tod eine Weile beim Arbeiten zu.

Noch lebte Fritz. Doch war das noch leben?
Oft hatte er zeichnend den Tod beschworen,
und immer hatte der, gezeichnet, verloren.
Fritz und der Tod warn seit langem per Du.

Nun also dieses letzte Duell.
Pit und ich auf Zeit Sekundanten,
Zeugen des Endens, die sehend erkannten:
Tua res agitur.

UNSERER MUTTER,
AM 1. AUGUST 2004

Ein immer fremderer Mensch,
unsere Mutter,
auf immer engerem Weg,
unsere Mutter,
aus immer fernerer Welt,
unsere Mutter,
zu immer hellerem Stern:
Unsere Mutter.

AM TOTENBETT

Als sie da lag, so wächsern starr
Als ich da stand, so erleichtert
Da fühlte ich mich jäh bereichert
Weil sie, die Arme, nicht mehr war.

Jetzt erst konnte Erinnern beginnen
Jetzt erst war Zeit zum Trauern
Jetzt erst war Schluß mit dem Bedauern
Erst jetzt konnten Tränen rinnen.

TOTENGEDENKEN

Das ist doch das Schöne an den Toten:
Da ist so gut wie alles erlaubt und nichts verboten.

Du kannst sie verhöhnen, du kannst sie beleidigen –
Sie werden sich nicht dagegen verteidigen.

Du kannst sie belästigen, du kannst sie verlassen –
Sie werden dich nicht dafür hassen.

Du kannst ihnen vorwerfen, sie übertrieben –
Sie werden dich deshalb nicht weniger lieben.

Du kannst sie foltern, du kannst sie quälen –
Sie werden es niemandem weitererzählen.

Du kannst sie verehren, du kannst sie verlachen –
Sie werden deshalb kein Aufhebens machen.

Du kannst sie salben, du kannst sie bespeien –
Sie werden dir weiterhin alles verzeihen.

Du kannst sie nach Strich und Faden betrügen –
Sie werden sich jeder Missetat fügen.

Du kannst sie erinnern, du kannst sie vergessen –
Sie werden an anderen Ellen gemessen.

Du kannst sie vergessen, du kannst sie erinnern –
Bei diesen Gewinnern bleibst du der Verlierer.

VOM WISSEN UMS STERBEN

Der sich das erdachte, war
furchtbar.
Sein Denken ging einzig darauf, daß die Menschheit voll
Furcht war.
Damit sie sich in größtmöglicher Zahl fürchtete, wollte er sie
fruchtbar.
Worauf all der Menschen nie endenwollende Gottesfurcht die
Frucht war.

LIEBE UND TOD

— Sag, wie hältst du's mit der Liebe?
— Gott, wie soll ich's mit ihr halten?
    Fürchte, sie ist am Veralten,
    am Verblühen, am Erkalten:
    Oder altern meine Triebe?

— Sag wie hältst du's mit dem Tode?
— Gut, mich dazu zu befragen.
    Hab ihn stets in mir getragen,
    kann heut mit Bestimmtheit sagen:
    Der kommt niemals aus der Mode.

VOM GEWICHT

Trägst den Tod in dir?
Trägst schwer.
Tod ist nicht irgendwer:
Wiegt.

Stirbst wie nur je ein Tier?
Nimms leicht.
Tod wird durch nichts erweicht:
Siegt.

ABSCHIED

Ich könnte mir vorstelln,
mich *so* zu empfehlen:

Die Zeit. Ich will sie euch
nicht länger stehlen.

Den Raum. Ich will ihn euch
nicht länger rauben.

Den Stuß. Ich will ihn euch
nicht länger glauben.

Das Ohr. Ich will es euch
nicht länger leihen.

Das Aug. Ich will es euch
nicht länger weihen.

Das Hirn. Ich will es euch
nicht länger mieten.

Die Stirn. Ich will sie euch
nicht länger bieten.

Das Herz. Ich will es euch
nicht länger borgen.

Den Rest? Den müßt ihr
schon selber entsorgen.

NATÜRLICH

Natürlich ist mir auch manchmal zum Weinen
Natürlich weine ich manchmal auch

Ich wein
Weil: Plötzlich fällt mirs Lieben ein
Ich wein
Weil: Plötzlich fällt mirs Loben ein
Ich wein
Weil: Plötzlich fällt mirs Laben ein
Ich wein
Weil: Plötzlich fällt mirs Leben ein
Ich wein
Weil: Plötzlich fällt mir früher ein

Früher.

WARNUNG

Sollte dich das nicht mehr anmachen,
mein Freund:

Das Wiegen der Hüften
der Weiber beim Gehen

Das Schimmern der Rücken
der Schönen beim Stehen

Das Glänzen der Bäuche
der Gören beim Drehen –

Sollte dir das nichts mehr ausmachen,
das meint:

Weder Gören, noch Schöne, noch Weiber
sind dir vorerst nichts als Leiber,
sprich: Blüte, damit sich die Biene,
sprich: du, sich ihrer bediene –

Dann wird er dir bald den Garaus machen,
der Feind,
der eines beherrscht: Das Auslachen
all derer, die sich nichts mehr anlachen.

MICHAELA AM HEISSESTEN TAG DES JAHRES

Ich hatte gar nicht mit ihr gerechnet,
doch pünktlich um zehn stand sie vor der Haustür.
Ich sag, daß wir kommen, und rufe Bella,
die bricht sich treppab beinahe die Haxen.
Sie wittert den Jerry. Ich folge gelassen,
obwohl auch ich auf das Treffen gespannt bin.
Nur noch paar Stufen, und ich erfahr es:
Was trägt
Michaela am heißesten Tag des Jahres?

Da steht sie in langen, weißen Hosen.
Darüber ein T-Shirt, nabelfrei, blau.
Auf dem Kopf eine ebenfalls weiße Kappe,
beschriftet mit »Reebok«. »Du machst ja Reklame!«
sag ich und erfahre: »Das ist ein Geschenk
von Andres Mutter.« »Andre?« »Na, mein Freund.«
»Der Typ, dem du zweimal eine geschallert?«
Alles still. Nur von ferne Gezänk eines Stares.
Was denkt
Michaela am heißesten Tag des Jahres?

Sie denkt nicht, sie klagt. Sie sei unausgeschlafen
vom Streit gestern Abend mit ihrer Mutter.
Die habe gesagt, sie verblöde langsam.
»Was ja auch stimmt. Ich sollte mehr lesen.
Aber jetzt, wo's so heiß ist – Jerry bei Fuß!
Sehn Sie den Dackel? Ich nicht, ohne Brille.
Das ist nicht mein Tag. Ich hab meine Tägchen.
Sie als Mann habens leicht. Daran ist was Wahres« –:
So schwatzt
Michaela am heißesten Tag des Jahres.

Wir schlagen den üblichen Weg ein. Die Hunde,
sonst lärmend und kregel, folgen uns lustlos.
Sie wolle ja lesen, sie werde auch lesen.

Sie habe bereits ein Buch im picture:
»Die Wüstenblume‹, das werd ich mir ausleihn,
da geht's um ein afrikanisches Model,
das wurde beschnitten und vergewaltigt« –
Und sie zieht genervt am Blond ihres Haares –
Was fühlt
Michaela am heißesten Tag des Jahres?

Das bleibt ihr Geheimnis. Wir schlendern schweigend
und machen früh kehrt, da sie tonlos hervorbringt,
sie sei unheimlich müde. Ich mime Verständnis
und male mir aus, wie es wär, dieser Krabbe
ausgeliefert zu sein. Jäher Schauder
mildert das Leuchten des Körpers in Blüte,
dimmt zumindest ein wenig den Glanz
seiner grade mal fünfzehn Jahre. Das war es:
Das war
Lolita am heißesten Tag des Jahres.

ENTSCHEIDUNG ZUR ENTKLEIDUNG

Eine gewisse Vertrautheit ging
einher mit jenem Befremden,
das zwei Menschen immer dann befällt,
wenn sie sich erstmals enthemden.

Man hat wohl geahnt, was Sache ist,
doch konnt' man sie so oder so sehn:
Als Spiel, das erst dann in Ernst umschlägt,
wenn zwei Menschen sich erstmals enthosen.

Da stehen sie nun und schauen sich an,
gebannt zwischen Drängen und Locken.
Zwei Menschen, die ein Gedanke beherrscht:
Was folgt, wenn wir uns jetzt entsocken?

Sind entdecken, entflammen, entfliehn unser Los?
Entschweben, entfesseln, entzücken?
Drohn am Ende entgeistern, entziehn? Winkt uns
Entsetzen oder Entrücken?

VOM HUNGER

Ist eine böse Lust
Sitzt zwischen Beinen
Wenn es nicht deine sind
Sinds doch die meinen

Ist eine liebe Not
Die will sich paaren
Bitt dich, gestatte ihr
In dich zu fahren

Ist eine schöne Ruh
Wenn wir es hatten
Heiß sind die Hungrigen
Selig die Satten.

DIR GESAGT

Mein Kind,
ich will ja nichts von dir.
Ich will ja nur
das Eine:

Dich haben und halten
Dich laben und schalten
Dich fassen und drehen
Dich lassen und gehen.

Mein Kind,
erwarte nichts von mir.
Nur eines: Sei
die meine.

TROSTGEDICHT

Du warst mir, Liebes,
ziemlich lieb.
Das sag ich jetzt,
da ichs nie schrieb.

Nun, da du einen
Liebsten hast,
wirst du von mir
nicht angefaßt.

Mich tröstet, daß
er das besorgt.
Bist nicht verschenkt,
bist nur verborgt.

Ob ich dich jemals
wieder hol?
Das hängt von dir ab.
Lebewohl!

UNHAPPY END

Sie ist mir ganz abhanden gekommen,
die Lieb.
Du gingst und hast sie mit dir genommen.
Ich blieb
alleine zurück, ernüchtert, erkaltet.
Ich schrieb:
»Achtung! An alle, die's angeht: Behaltet
den Dieb.«

EIN PENNER UND EIN BANKER
BEGEGNEN DEM DICHTER
AUF DER FRANKFURTER ZEIL

Zwischen dem Penner und mir da klafft
ein Abgrund. Der nennt sich Leben.
Er steht dort drüben. Und ich stehe hier.
Aber beide stehn wir daneben.

Mitten im Leben steht keiner von uns.
Da steht man nicht, da fällt man.
Und der, den's am schnellsten nach unten reißt,
ist der Mann von Welt alias Geldmann.

Wir schaun seinem Fall gelassen zu:
Der hat bald ausgelitten.
Ein Penner links, ein Dichter rechts,
der Banker fällt inmitten.

BEIM ANBLICK EINER
AUFRÜTTELNDEN BOTSCHAFT,
AUSGEHÄNGT IM FRANKFURTER HAUPTBAHNHOF

»Mein Fleisch gehört mir!«
verkündet ein Tier,
ein Schwein auf einem Plakat.

Ich schaue es an
und denke mir: »Mann!
Seit wann frißt der Wolf Salat?«

ALS ER ZUM WIEDERHOLTEN MALE
DAS DIÖZESAN-MUSEUM SAH

Paderborn, arme Stadt
wie er dich verschandelt hat,
dieser Architekt!
Hat dir dreist den Dom verstellt,
kriegte dafür auch noch Geld,
daß er den versteckt.

Architekten holt Freund Hein.
Aber so ein Werk aus Stein
bleibt im Fleisch ein Dorn.
Macht in alle Ewigkeit
sich vor Turm und Kirche breit:
Arme Stadt Paderborn.

MÜNCHNER MULTIKULTI
oder
BEIM VIETNAMESEN

Langnase zeigt,
wie bewandert er ist.
Er ordert Stäbchen.

Schlitzauge greift
am Tisch nebenan
ganz unbekümmert zur Gabel.

DIE FRAU MIT DEM BÖSEN BLICK

Die Frau mit dem bösen Blick –
den pfeift kein Gutmensch zurück:

– Im Prospekt stand aber »Meerblick«!
– Wir blicken doch aufs Meer.
– Ich hätt aber gern mehr Meerblick!
– Mehr gibt so ein Fenster nicht her.
– Weil du keinen Balkon gebucht hast, Mann!

– Im Prospekt stand aber »Ruhe«!
– Ich begreif nicht, was dich verdrießt.
– Und warum quietscht dann die Truhe?
– Doch nur, Frau, wenn jemand sie schließt.
– Soll ich die etwa zwei Wochen lang offen stehen lassen?

– Im Prospekt stand aber »Service«!
– Du hast ihn doch gar nicht probiert.
– Der muß spüren, Mann, wenn mein Glas leer ist!
– Meinst du wirklich, daß jemand das spürt?
– Service kommt schließlich von »servus«, der Sklave!

– Im Prospekt stand aber »Beglückung«!
– Wann hätte dich je was beglückt?
– Mich beglückte vor Jahren Entrückung.
– Hat dich ein Beglücker entrückt?
– Mann, wer so fragt, der weiß wirklich nicht, was Glück heißt!

- Im Prospekt stand aber
- Was stand da?
- Da stand was
- Da steht dit und dat
- Da stand was
- Wovon, Frau?
- Von Träumen!
- Die glaubt nur, wer sie nicht hat!
- Dann zähle ich in deinen Augen zu diesen Traumlosen?

- Im Prospekt stand aber »Erfüllung«!
- Das meint nur erfüllte Versprechen!
- Nicht eher »verhüllte Verbrechen«?
- Woher rührt dein Drang zur Enthüllung, Frau?
- Und woher, Mann, deiner zur Verschleierung?

EINER MUTTER HERZ
nach einer Brieferzählung
von Abu Musab Al-Zarqawi.

Es war einmal ein böser Mann,
der machte einen Dummen an.

»Los, bring mir deiner Mutter Herz,
ich mach dich reich. Das ist kein Scherz!«

Der Dumme ging ins Vaterhaus
und schnitt der Mutter 's Herze raus.

Dann eilte er zum bösen Mann,
»Jetzt fängt mein wahres Leben an!«

Jedoch – oweh – er stolperte!
Das Herz zu Boden holperte

und frug, im Fallen noch: »Sag an!
»Mein Sohn, hast du dir weh getan?«

PS

Die Quelle der eben gelesenen Zeilen
beeile ich mich, Ihnen mitzuteilen.

Sie findet sich in einem Brief an die Lieben,
er wurde von Al-Zarqawi geschrieben.

Der hat, wir sind in den neunziger Jahren,
das Los der jordanischen Kerker erfahren,

von wo er die Mutter und die sonstigen Seinen
beschwor, sie müßten nicht um ihn weinen.

Er wüßte, wo's langgeht. In den letzten zehn Jahren
haben wir, wo 's mit ihm langging, erfahren.

Er saß den Knast ab. Er wurde entlassen.
Al Quaida half ihm, wieder Fuß zu fassen.

Rasch stieg er auf. Er zählt auf den Listen
des Terrornetzes zu den Topterroristen

und predigt seither im Irak seinen Mannen:
»Los, sprengt die verdammten Schiiten von dannen!«

Was die denn auch tun. Zumal auf den Märkten.
Nachdem sie sich erst mit Koranversen stärkten,

schnürn sie den Gurt, dynamitgeladen,
und gehn unters Vok. Dort kommen zu Schaden

zunächst einmal sie, weil Zünder nicht scherzen,
sodann alle die mit verwundbaren Herzen.

Die Mutter zum Beispiel, vom Sprengstoff zerschlagen.
Desgleichen der Sohn. Verbleiben zwei Fragen:

Hat der Mutter liebendes Herz noch erfahren,
wie stark wohl die Schmerzen des Sohnes waren?

Sowie die:

Was will uns die triste Geschichte lehren?
Sie kann unsre Kenntnis vom Menschenherz mehren.

Man weiß nie …

MERKVERSE

WORT UND WIDERWORT

Die Erinnerung, sagt man,
lastet.
Die Erinnerung, heißt es,
bedrückt.
Die Erinnerung, liest man,
zu tilgen,
sei noch keinem, hört man,
geglückt.

Die Erinnerung, sage ich,
schwindet.
Die Erinnerdings, weiß ich,
vergeht.
Die Erdingsbumsda, schreib ich,
derbröselt.
Die, was war da noch? schwör ich,
verweht.

WORAN ICH GLAUBE

Ich glaube nicht an Dankbarkeit,
ich glaube an den Neid.
An Mitleid? Nein. Wer daran glaubt,
der tut mir ehrlich leid.

Ich glaube nicht ans Ideal,
ich glaube an Interessen.
Ans Gute? Ja. Wer gut pariert,
soll auch was Gutes essen.

Ich glaube nicht an einen Gott,
ich glaube an den Zweifel.
Du nicht? Weh dir! Den Zweifler holt
unzweifelhaft der Teufel.

 IST DOCH SO

Erfolg tut gut.
Was leider meint:
Der Mißerfolg tut schlecht.
(Als Trost sei rasch hinzugefügt:
Mag sein, daß dich Erfolg belügt –
dein Mißerfolg ist echt.)

VOM KÜNSTLER

Menschen mangelt es oft am Respekt vorm
Künstler.
Sie glauben fälschlich, der einzige Zweck der
Künstler
Sei es, den Menschen durch Werke der Kunst zu helfen. Die
Künstler

Seien für die Menschen da. Welch Irrtum! Die
Menschen
sind für die Künstler da. In einer Welt voller
Menschen
habens die Künstler nicht leicht. Sie brauchen die
Menschen

Wie der Büffel den hilfreichen Madenhacker. Die
Tiere
benötigen hin und wieder die Dienste anderer
Tiere,
welche sie von noch kleineren Tieren befrein. Diese
Tiere

Tun, was Menschen Menschen antun sollten im Dienste
der Künstler: Sie fernhalten.

ALS ER IN DER DRESDNER GEMÄLDEGALERIE DAS BILD »HEILIGE NACHT« VON CORREGGIO BETRACHTETE

Die Maler, sie malen, was wir uns zu denken nicht wagen.

Der Maler Correggio zum Beispiel, er malt
eine »Heilige Nacht« samt blitzjungen Engeln,
die diesen Vorgang von oben betrachten.

So wandert der Blick von Mutter und Kind
wie von selbst in die linke obere Ecke
und landet zwischen gespreizten Schenkeln.

Einer der Engel nämlich, von hinten
gesehn, ist dabei, jenes Tüchleins
verlustig zu gehen, das ihn bis jetzt deckte.

Nun aber spreizbeinig in rascher Bewegung
rutscht all der Stoff – ach, es fehlte nicht viel,
und wir blickten in beide, in Piloch und Poloch.

Ging noch mal gut. Der Maler war schneller.
Pobacke, Pofalte, mehr zu sehn ist nicht,
da sein Pinsel es bremste, das rutschende Tuch.

Freilich nur auf dem Bild. Im Kopf
rutscht es weiter, fällt – flatsch! – auf die Krippe,
von der die Madonna benommen aufschaut.

Geradewegs in das Dunkel der Blößen
des Engels, der weheklagend verschwindet,
zur Freude Marias, zu unserm Bedauern.

Wir hätten ja gerne noch mehr und noch länger,
angefeuert von Correggios »coraggio« –
und das meint schlicht: Mut – uns im Dunkel verloren.

Doch alles zu malen, wagen sie denn doch nicht, die Maler.

VOM SCHÖNEN, GUTEN, WAHREN

Das Schöne an Alten Meistern,
sind die vielen jungen Frauen.
Sie kommen in all ihrer Schönheit zuhauf,
um die Bilder der Alten zu schauen.

Das Gute an jungen Frauen,
ist ihr heißes Interesse fürs Alte.
Zumal wer selber altert, erhofft,
daß diese Glut niemals erkalte.

Das wahre Vermächtnis der Alten,
das sind all die jungen Frauen,
die sie als Jünglinge malten und die
nun junge Frauen beschauen.

Diese Alten liebten die Jungen.
Nun lieben die Jungen die Alten.
Ach mög' diese Brück' zwischen Alt und Jung
noch all mein Leben lang halten.

VON DER SCHÖNHEIT

Wie immer dann, wenn Schönheit uns packt,
zieht sie uns an, entläßt sie uns nackt,
läßt sie uns fühln, wie hilflos wir sind:
Wie wir uns auch wehren – Schönheit gewinnt.

II SPIELBEIN

LIED VOM LACHEN

Der Durchschnittsmensch hat durchschnittlich zwei Beine.
Die tragen seinen Körper ganz alleine.
Mit denen kann er jeden Berg bezwingen:
So siehts mal aus.
Zum Lachen aber muß man Menschen bringen.
Was folgt daraus?

Wie klänge das: Der bringt mich nicht zum Jodeln?
Der bringt mich nicht zum Kraxeln? Nicht zum Rodeln?
Der bringt mich nicht zum Nichtstun? Nicht zum Machen?
Das klänge dumm.
Ganz anders klingt: Der bringt mich nicht zum Lachen.
Ich frag: Warum?

Wer lädt sich sowas auf wie Lachtransporte?
Wer weiß, wo's langgeht? Wer kennt jene Orte,
wo Witze zünden und Pointen krachen
in einer Tour?
Wo alles juchzt: »Der brachte uns zum Lachen!« –?
Ich frag ja nur.

Fest steht allein: Der Dumme ist der Bringer.
Denn die Gebrachten rühren keinen Finger.
Wir sind am Ziel. Und niemand hat gelacht?
Ihr schreckt mich!
Was muß ich hörn: Mein Lied hätt's nicht gebracht? –
Ach, leckt mich …

LIED DER TOSCANA-DEUTSCHEN

Schwarze Zypressen in Bläue gefaßt
Grün der Olive vor Stein
Mauern à secco laden den Gast
wärmend als Ruhesitz ein:
Land unter einem besonderen Stern –

So kennwa die Toscana
So schätznwa die Toscana
So hamwa die Toscana gern.

Gleißender Lichtsturz in steinalte Stadt
Stolzes Getürme im Dunst
Kühlende Pieven, jedwede ein Blatt
heilger Geschichte der Kunst:
Land du gesegnet im Namen des Herrn –

So kennwa die Toscana
So schätznwa die Toscana
So hamwa die Toscana gern

Wimmelndes Heute in dauerndem Hier
Corso füllt Piazza und Park
Vor schönem Abbild von Gott, Mensch und Tier
macht sich die Wirklichkeit stark:
Land voll in Blüte aus fruchtbarem Kern –

So kennwa die Toscana
So schätznwa die Toscana
So hamwa die Toscana gern

Dampfende Schüsseln auf leuchtendem Weiß
Rot akkordierender Wein
Pinienbeschatteter fröhlicher Kreis
feiert beseligt das Sein:
Land nah dem Glück und dem Unglück so fern –

So kennwa die Toscana
So schätznwa die Toscana
So hamwa die Toscana gern.
So gern!

EIN BREITER REITER

Gemeinhin bin ich ziemlich breit,
wenn ich zu meiner Liebsten reit.
Verflüchtigt sich des Tages Brast,
mach ich zunächst im Wirtshaus Rast,
und lasse mir nach kurzem Ringen
so drei, vier Gläschen Obstler bringen.
Spür ich die auf der Zunge brennen,
dann laß ich rasch nach Nachschub rennen
sowie, schon winkt das Abendbrot,
nach einem Wein, und zwar in rot,
gepaart mit – nicht sehr schwer zu raten –
ganz ausgesuchtem Schweinebraten.
Drauf fang ich an, mich laut zu brüsten,
ich müsse mich zur Liebe rüsten,
wär auch gewillt, bald aufzubrechen,
würd sich nicht Eile meistens rächen
bei Frauen, welche Liebe brauchen.
So red ich, fange an zu rauchen
und trink in Mengen, sprich: in rauhen,
vom Bier, das sie im Wirtshaus brauen.
Dann halt ich ein. Nun bin ich randvoll
und frag, wohin ich mit dem Brand soll,
um mich sodann nach längrem Brabbeln
zu raschem Aufbruch aufzurabbeln,
indem ich Sattel und Schabracke
geschwinde auf das Rößlein backe,
und mich dazu. Aus voller Brust
sing ich von Lieb, sing ich von Rust,
ich eile voller Trieb und Brunst,
schon bin ich da, ich steige runst
und herze lachend meine Braut,
da sagt sie, daß ihr vor mir raut.
Ich werde wild, ich brause auf,

ich knöpfe ihre Rause auf –
da schickt sie mich, den edlen Retter,
per Faustschlag auf die Dielenbretter.
Ein uppercut, nach Art der Briten –:
O wär ich niemals fortgeritten!

FÜNF VOKALVERTAUSCHUNGSGEDICHTE

1

Als ihr euch in die Hände schlugt,
weil man in Wales die Hunde schlägt,
begrifft ihr: Wo der Kelte ragt,
meint das, daß sich das Kalte regt.

2

Wenn eine, welche Wanda heißt,
erklärt, daß sie den Wein da haßt,
weil sie viel lieber Karlchen preßt,
der seinerseits mit Kerlchen praßt,
dann folgert, daß wer Wanda liebt,
sich nicht im schönen Wien da labt,
wohin das Volk im Wahne treibt,
daß brav sei, wer zum Weine trabt.

3

Wer sie nicht kennt, die wilde Nacht,
der war im deutschen Walde nicht,
der weiß nicht, wie des Wildes Pracht
durch den Verhau des Waldes bricht.

4

Zuweilen schafft der Wille Wort:
Wenn jäh aus Welle Wolle wird,
dann deshalb, weil im Willen schwärt,
was heimlich durch die Wellen schwirrt.

5

Sagt ja nicht: »Alles Kinderkram!«
Nur wer viel Kraft hat, kann der Krim[1]
entfliehen und im Hilbso-Schlamm[2]
aufseufzen: »Alles halb so schlimm!«

---

1 gemeint ist: während der heißen Jahreszeit
2 gemeint sind: die kühlenden Heilschlamm-Gruben
unweit des Städtchens Hilbso

WEISST DU NOCH – WIR IN WIEN?

Sag selbst: War das nicht schierer Wahnsinn,
was wir die letzte Nacht in Wien sahn?

Denk jener ungezählten Wirtschaften,
die uns aus jeder Gegenwart schifften.

Denk der von uns geleerten Trunkmassen,
serviert von überirdisch drallen Trankmusen.

Denk ihrer Kosenamen alle,
wir freilich nannten alle Ella.

Denk deines Grenzzugs mit dem Zollstab:
»Aber hier, Herr Ober, herrscht der Zahlstop!«

Denk des Absackens unsrer Kiefer
auf sein: »Do gibts halt nur no Kefir.«

Dann aber – denk! – steht groß ein Tiger
im Wirtschaftsraum, gepeitscht von Teegier.

Denk wie er all die kraxelgeilen Bohrhacker
flugs in die Flucht trieb. Leer die Barhocker.

Denk deines Ausrufs: »Ich bin Kampfbär!
Hörs Tiger! Ich bin unbekämpfbar!«

Denk des Verhaltens jener Großkatze!
Schiens nicht, als ob sie flüchtend Gras kotze?

Denk unsres Abgangs. Du mit Lederstuhl.
»Machts was, wenn ich den für mein Luder stehl?«

Denk – schläfst du ein, mein Freund? Wie lieblos!
Ich sing doch pausenlos dein Lob: Lies!

EINE SCHÜTTEL-BALLADE
VON BÜTTEL SCHALADE

»Auf gehts, Büttel!
A one, a two, a three, a four
give it to me!«

Den Fahrensmann Hein Klaber packt
das Fernweh, wenn der Paber klagt.
Der klagt so weh, der singt so bang,
Hein wird ganz heiß bei dem Bosang.
»Adjes, mein Weib! Die Ferne lockt!
Ich muß an Bord. Die »Lerne« fockt!
Zur »Lerne«! Zum geliebten Schiff,
das ich durch kühn scheliebten Giff
vor Strand und Klippen rettete,
auch wenns die Rippen klettete.
Was schert mich Kletten? Ich muß los!
Wein nicht! Ich geb dir allus Moos,
das ich bis heut ersparen konnte,
da ich mich vor den Karen sponnte.
Nun aber heißt es, frei zu sein,
die »Lerne« samt der Sei zu frein –
nur diese beiden bringen Glück,
erwarten mich in Glingenbrück,
ersehnen ihren alten Klaber.
Da kann mich doch nichts klaten! Aber
was seh ich, Weib? Ein Tränlein quillt?
Das trocknet, eh das Quänlein trillt!
Ich weiß! Die Sei kann böse sein.
Stellt manchem Schiff ein Sösebein.
Was solls? Wenn meine Stunde schlägt,
ein Lied aus meinem Schlunde stägt,
ein Lied, das, wenn der Kutter sinkt,
noch voller und noch sutter kingt.

Wenn du es hörst, dann denk an mich,
und wisse: Auch ich menk an dich!
Nun aber los! Wo ist mein Hut?
»Ich wünsch dir Fahrtwind und, Hein, Mut!«

»Wars das, Büttel?
Thanks 'n bye bye!«

MALADE BALLADE

Es war in grauer Novembernacht,
da ist die Frau unter Schmerzen erwacht.

»Was stehst da im Dunkel, mein lieber Mann
und fassest so schmerzhaft mein Füßlein an?«

»Und faß ich dein Füßlein so schmerzhaft an,
so ist das nicht ohne Absicht getan.«

»Sag mir, mein Mann, welche Absicht du hast,
wenn du nächtens mein Füßlein so schmerzhaft anfaßt?«

»Ich, Frau, bin krank, und ich ich möchte gesunden.
Da hat mir mein Arzt ein Mittel gefunden.«

»Welch Mittel, mein Mann? O sag mir gezielt,
welche Rolle mein schmerzhaftes Füßlein spielt!«

»Dein Füßlein allein vertreibt meine Pein,
drum brech ich es ab und verleib es mir ein.«

»Und hilft dir mein Füßlein zu gesunden,
brichs ab, lieber Mann, und laß es dir munden.

Brichs ab, auch wenn's schmerzt, brich es ab, lieber Mann.
Ich hab ja ein zweits. Auf dem hüpfe ich dann.«

ICH UND ER, EINSILBIG

So war es, als ich leidend lag
und mich in einem fort erbrach:
Er brach mir Herze und Gekrös,
mir war nicht gut, er war mir bös.
So hielt er mich konstant auf Trab.
Kein Grund, daß ich mich schon ergab.
Er gab mir Zunder, als er fies
das Thermometer steigen ließ.
Das führte mich durch Traum zum Krieg,
in dem ich einen Turm erstieg.
Er stieg mir hitzeflimmernd nach,
worauf ich mich erneut erbrach.
Er brach rasch ab, was er gestartet,
solch Brechen traf ihn unerwartet,
Er wartet nun auf bessre Zeiten –:
Dem werd ich einen Tanz bereiten!

ICH UND ER, EINSILBIG ZUM ZWEITEN

Ich hob mich in ein ander Land,
allwo ich ein Gewand erstand.
Er stand ganz nackend vor der Tür,
auf daß er gleich mein Ziel erführ.
Ich machte unbeirrt mein Ding,
indem ich mich am Fluß erging.
Er ging blitznackt an meiner Seit',
da macht' ich mich zum Flug bereit.
Ich scheuchte vom Ballon die Zieg',
worauf ich das Gefährt erstieg.
Er stieg mir nackicht hinterher,
da warn wir dem Ballon zu schwer.
Ich trennt' vom Einkauf mich darob,
worauf sich der Ballon erhob.
Er hob sehr müde seine Hand:
»Da fliegt es hin, unser Gewand.«
Ich dachte an den Kaufbetrag,
bis daß auch ich dem Schlaf erlag.
Er lag am Ziel an meiner Seit:
Das ist der Preis der Freundlichkeit.

ICH UND ER, ZWEISILBIG

Ich war ein Knab, der Disteln köpfte,
bis mich dies öde Tun erschöpfte.
Er schöpfte Hoffnung, als er mich,
den müd gewordenen, beschlich.
Ich ahnte, daß sich was bewegte,
ohn' daß mich das gleich groß erregte.
Er regte sich im hohen Gras,
in dem ich tiefversunken saß.
Ich streckte mich lang hin und lachte,
da ich mir einen Scherz erdachte.
Er dachte, nun sei's an der Zeit,
und machte sich zum Sprung bereit.
Ich fand, daß die Pointe fehlte,
weshalb ich sie mir rasch erzählte.
Er zählte aufgeregt bis Drei,
dann hieß es: »Auf ihn mit Geschrei!«
Ich gab nicht acht, da ich mich sehnte.
Nach Schlaf – was ich wohl schon erwähnte.
Er wähnte, noch im Sprung, nun sei
ich Opfer seiner Raserei.
Ich blickte auf, weil mir was schwante
und ich den Ankömmling erahnte.
Er ahnte, allerdings zu spät,
daß da was in die Hose geht.
Ich, ob ich innerlich auch lachte,
tat so, als wenn ich grad erwachte.
Er wachte jäh aus seinem Wahn:
»Ich bin ja gar kein Schreckensmann!«
Ich nickte, als ich ihn umarmte
und mich des Unglückswurms erbarmte.
Er barmte mich – mir war längst klar,
daß er doch nur ein *Heu*schreck war.

ICH UND ER, DREISILBIG

Ich war noch jung. Ich wienerte
fürs Geld, das ich erdienerte.
Er dienerte im gleichen Haus,
doch hängte er den Hausherrn raus.
Ich hörte »Bring mir Fliedertee!«
worauf ich »Gleich!« erwiderte.
Er widerte mich an, indem
er mahnte, daß ich frischen nähm.
Ich brühte auf, er geiferte,
ohn' daß ich mich ereiferte.
Er eiferte mir eilig nach,
was seinem Wunsch nach Tee entsprach.
Ich lachte auf, er wetterte,
als ich den Schrank erkletterte.
Er kletterte mir hinterher,
da goß ich rasch die Kanne leer.
Ich höhnte: »Der verpisste Tee
war's, der dich überlistete!«
Er listete die Schäden auf
und schrie »Ich nehm nur Geld in Kauf!«
Ich schrie zurück, er schuldete
mir Moos für das Erduldete.
Er duldete kein Widerwort:
Da machte ich mich pfeifend fort.

FLACHE LACHE
oder
DIE SACHE MIT DEM S
oder
DER SACHSE

Das sei sone Sache,
sagte der Sachse.
Er halte hier Wache,
ob der Fischbestand wachse.
Forellen im Bache,
er fangse und backse –
das sei keine Mache:
»Ich gennse und magse.«
Doch sei er vom Fache,
weshalb er jetzt faxe:
»Solch flache Lache
ist nichts für Lachse.«

HUND BEI NACHT

Was wohl der Hund bei Nacht denkt?
Worüber er wohl nachdenkt?

Darüber, daß er Wacht hält?
Was, wenn ihn das nicht wach hält?

Schluckt ihn des Traumes Schacht dann?
Sagt der dem Denken Schach an?

Ob er verschlafen »Acht« greint,
wobei der Hund schlicht »Ach« meint?

KNABBERWIX

GUTE VORSÄTZE

Frage nicht: Wie soll das enden?
Tu etwas mit deinen Händen!

Sage gleich nach dem Erwachen:
Heute werd ich etwas machen!

Klage nicht: Nichts klappt auf Erden!
Leb im Glauben: Wird schon werden!

Wage frisch: Dann wirst du's schaffen,
deinen Chef dahinzuraffen.

Trage keine Reu im Herzen:
Der Verlust ist zu verschmerzen!

WALDERKENNTNIS

Ein Männlein steht im Walde
ganz still und stumm.
Wenn ich es nicht umfahre,
dann fahre ich es um.

MÄCHTIG WAS LOS

Auf einem Baum, blattlos
Sitzt ein Vogel, federlos
Singt ein Lied, tonlos
Hörts ein Mann, haarlos
Fragt seine Frau, hirnlos
»Sagma – wasn hier los?«

HERBSTGEDICHT

Au, sagt der Karl,
der Gust wird gut.
O, meint der Max,
auch der Ktober.
No, brummt der Heinz,
und der Vember erst.
Noch mal dasselbe, Herr Ober!

I A E O U

Man schätzt den Wickeltisch zu recht,
denn ohne wickelt es sich schlecht.

Der Wackeltisch ist unbeliebt,
was nicht heißt, daß es ihn nicht gibt.

Die Weckel-, Wockel-, Wuckeltische
entbehren noch der Daseinsnische.

WELT DER WUNDER

Unsre Welt ist voller Wunder,
staunend nehme ich sie wahr:
So die Alpen und die Berge
So die Sterne hell und klar
So die Weser und die Flüsse
So die Himmel hoch und hehr –
doch das größte aller Wunder
sind die Ostsee und das Meer.

NAMENSFINDUNG

Der Vornami ward rasch gefunden:
Als Tsunami wurd sie entbunden,
die Woge, die im Dunkel ließ,
wie sie wohl mit Nachnami hieß.

EIN VERGLEICH

Das Innre der Walnuß,
das menschliche Hirn:
Ein Vergleich erlaubt seltsame Schlüsse.
Ach da kommt sie her,
die Wendung, die heißt:
Mein Freund, gleich gibts eins auf die Nüsse.

COUPLET-FRAGMENT

Aus Stockholm kam der Anruf,
Nobelpreis stünde an.
Verleihung wäre Samstag.
Die Frau sagt: Lieber Mann,
wir warn schon zweimal auswärts,
und dreimal hat kein Stil –:

Drei Abende in Reihe
sind meiner Frau zuviel.

FÜR SABINE

Sabine, Sabine,
du bist wie 'ne Lawine:

Wenn haltlos die Lawine rollt,
ist mir, als ob Sabine tollt.

Wenn donnernd die Lawine kracht,
klingt es, als ob Sabine lacht.

Wenn nach mir die Lawine faßt,
glaub ich, daß die Sabine spaßt.

Und wenn mich die Lawine deckt,
denk ich, daß mich Sabine neckt:

Lawine, Lawine,
wie gleichst du der Sabine!

MITTAGSFRAGEN AN DIE KATZ

Haste jut jefuttert?
Wurdste jern bemuttert?

Haste jut jefressen?
Wars jerecht bemessen?

Haste jut jetafelt?
Wurd nich rumjeschwafelt?

Hast jenug vom Atzen?
Jeht et jetzt ans Ratzen?

Na denn penn ma jut!

NACHBARHUNDEHALTER

»Wir mußten unsern Hund verhauen.
Der Töle fehlt's an Grundvertrauen!«

DER TAG UNSERES HUNDES

1. Gute Gefühle beim Erwachen des Herrchens

Nu reckt er sich
Nu streckt er sich
Heut morgen, da
Verreckt er nich
Stattdessen: Schau!
Bewegt er sich
Und pflegt er sich
Viel fehlt nicht und
Dann trägt er mich
Zum Fressen.

2. Erwachen fröhlicher Gedanken
beim Betreten der Hundewiese

Hier bin ich Hund
Hier darf ichs sein
Hier seich ich ab
Hier scheiß ich rein
Hier lauf ich aus
Hier halt ich ein
Hier treff ich Hund
Mensch, halt dich raus.

3. Vorfreude auf den Mittagsschlaf

Man gönnt sich ja sonst nichts.
Nach dem Gerenne
ist angesagt,
daß ich mir
das hier
gönne:

Ein Näpfchen zum Schlabbern
Ein Schälchen zum Sabbern
Ein Bettchen zum Liegen
Ein Deckchen zum Schmiegen
Ein Herrchen zum Schmeicheln
Ein Frauchen zum Streicheln
Ein Abdunkeln des Lichts
Totale Stille –:
Soweit mein Wille.
Sonst gönnt man sich ja nichts.

4. In Erwartung des Abendganges

Der nutzt dem Herrn
Den braucht der Hund
Der führt ums Eck
Da geht es rund:
Alles, was ringsum markiert
Wird im Eilschritt dekodiert.

5. Vom Glück des Rückblicks

Ins Dunkel sinkt die Helligkeit
In Seelenruh die Schnelligkeit
Mein Tagwerk ist vollbracht.
Und leise zieht durch mein Gemüt
Der schöne Satz vom alten Lied:
Was habe ich
nur heute
wieder alles
richtig
gemacht?

VARIATIONEN ÜBER EIN THEMA VON
CHRISTIAN FRIEDRICH DANIEL SCHUBART
SAMT EINEM FAZIT

Thema:

In einem Bächlein helle,
Da schoß in froher Eil
Die launige Forelle
Vorüber wie ein Pfeil.

Variationen:

In einem Flusse trübe,
Da treibt in fauler Ruh
Die runzelige Rübe
Vorüber wie ein Schuh.

In einem Teiche bleiern,
Da treibt nicht, nein da kreist
Der Müll diverser Feiern
Vorüber wie ein Geist.

In einem Meere ölig,
Da schwimmt in tiefster Not
Ein Vogel, doch was nöl' ich?
Das Tier ist eh schon tot.

Fazit:

Um diese Welt zu bessern,
Da sorge jedermann,
Daß wieder in Gewässern
Tierleben herrschen kann.

NACHDEM ER AM ABEND ZUVOR LANGE IN DER ROTEN GESAMTAUSGABE DER JOACHIM-RINGELNATZ-GEDICHTE GELESEN HATTE

Ich bin so ringelnatz erwacht!
Ich greife nach dem Büchlein
und halte es vor meine Scham
als wie ein rotes Tüchlein.

Es ist der »Ringelnatz« ein Buch
mit mehr als einem Siegel.
Er wirkt als wie ein rotes Tuch
nur auf die Schweineigel.

Ich bin kein Schweineigel nicht,
mein bester Schatz, ich wasch mich.
Und wenn ich sauber bin, dann leg
ichs Buch ab und vernasch dich.

BLANKER NEID AUF ROTE SOMMER
Eine Klage für Peter Hacks nach Motiven von Peter Hacks

Derweil im großen Haufen wir auf überfüllten,
Erhitzten Straßen schrittweis in den Süden fahren,
Erblüht in meinem Kopf, dem reichlich zugemüllten,
Ein jähes Bild vom Schönen, Guten, Wahren –:

Erstehn vor meinem Auge Preußens Kommunisten
Auf raschem Weg in ihre Sommerresidenzen,
In Linnen leichtgewandet, duftenden Batisten,
Und auf dem Rücksitz Phlox, die Freundin zu bekränzen.

So bremsen sie vor den Parterren mit Verbenen,
Und lichte Frauen treten aus Remiseschatten,
Und reichen hellen Wein, den sie gleich Pfauentränen
Der Traube schierer Schönheit abgewonnen hatten.

Dann schlendert man den Heckenweg zum See hinunter,
Vom Klassenkampfe plaudernd und von bessren Tagen –
Ich aber, noch im Stau, ein Spielball bunter
Erlesner Hacksscher Bilder, hebe an zu klagen:

Weh, daß ich Westler bin, ein Opfer der Geschichte,
Dazu verdammt, mit der Toscana anzubandeln,
Gegrillt von Hitze und gepfählt vom Lichte,
Statt deutscher Bäume tiefe Schatten zu durchwandeln!

Die aber sind Besitz betuchter Sozialisten.
Daß Hacks dazugehört, ist freilich zu begrüßen:
Dem dünkelhaftesten von Preußens Kommunisten
Solln rote Sommer noch so manches Jahr versüßen.

RUHMESBLATT

Der eine rühmt Wald, Hain, Tal, Berg,
Der andre rühmt die See.
Der dritte rühmt Strand, Glanz, Luft, Blau,
Der vierte rühmt den Schnee.
Der fünfte rühmt Stadt, Land, Bach, Fluß,
Der sechste rühmt das Dorf.
Der siebte rühmt Marsch, Gest, Haff, Watt,
Ich rühm Korf:

Mal im Ernst, verehrter Peter,
Du wirst Siebzig. Doch je später
Deine Dichtung, desto dreister:
In der Entschränkung erst zeigt sich der Meister.

GENIAL

»Heute schon genial gewesen?«
Nun – das wäre nachzulesen.

9 Uhr 20 liest man:
›Trockenes begießt man.‹

Nicht so doll?

10 Uhr 30 ward notiert:
›Der, der nicht gewinnt, verliert.‹

Jammervoll?

11 Uhr 40 steht geschrieben:
›Was man hasst, tut man nicht lieben.‹

Flach? Jawoll. Aber:

12 Uhr 50 kommt der Hammer:
›Such die Freude, flieh den Jammer.‹

Wie? Ich soll
das noch einmal überdenken?
Danke, das kann ich mir schenken.
Diese Feststellung, sie steht
wie 'ne Eins. Genialität
sprüht aus jedem ihrer Worte,
drum zählt sie zu jener Sorte,
die dem Dichter sagt: Verberge
dich nicht im Gewühl der Zwerge –:
Du zählst zu den Geistesriesen,
denn du hast Genie bewiesen.

STERNSTUNDE DER SPRACHKRITIK

– Ihr schreibt vom »unerhörten Blau«.
Blau kann man doch nicht hören!
– Welch uneinsichtige Kritik!
– Verzeiht! Ich will nicht stören,
doch »uneinsichtige Kritik« –
das kann sich sehen lassen!
Weil man Kritik nicht sehen kann.
– Ja, ist das denn zu fassen?
– Nein, weil Kritik unfaßbar ist.
Geist läßt sich nicht erjagen!
– Welch unbegreiflicher Sermon!
– Jawohl! *So* kann man's sagen!

SCHREIBEN UND MALEN

Alles Schreiben macht dumm.
Schau dich doch bitte mal um.
In den Büchern steckt der Beweis:
jedes zweite ist scheiß.
Nicht jedes zweite? Na bitte,
dann eben jedes dritte.

Alles Malen macht klug.
Das lehrt ein Museumsbesuch.
Die Bilder sprechen für sich:
Ein jedes erleuchtet dich …
Behauptungen, dumm wie die Nacht
und alle geschrieben?
Dann ist der Beweis erbracht,
weil geschrieben geblieben:

Alles Schreiben macht dumm etc.

FINGER WEG!

Poeten, die nicht zeichnen können,
sollten's besser lassen.
Das gilt für Günter Kunerten,
das gilt für Günter Grassen.
Das gilt für all die Kritzelnden,
die zagen wie die forschen,
für Friederiken Mayröckern
als auch für Gerald Zschorschen.

Ein Maler, der nicht zeichnen kann
und 's tut, der sei verworfen.
Das zielt auf Paule Wunderlich
und Jörge Immendorfen.
Auf Fettingen und Salomen,
auf sie und ihre Sachen.
Und eine, die 's noch schlimmer treibt.
Sie heißt Elvira Bachen.

EIN ESSEN DEUTSCHER DICHTER

Querüberntisch Durs Grünerbein
nagt still an seinem Hühnerbein.
Am Nebentisch Rühmkoffel
bestellt Aal mit Kartoffel.
Und Hans, der Enzensbargel,
versucht sein Glück mit Spargel.
Dagegen Oskar Bastimohr
nimmt sich die dritte Süßspeis vor.
Nur mit dem Peter Wasserhos
ist essenmäßig nicht viel los.
Er müsse leider dichten.
Die Nachwelt wird ihm richten.

STAMMBUCHVERSE

Für die Studierenden

Nur dem, der früh studieren tut,
geht es im spätern Leben gut.
Schaut euch doch die Karrieren an
von Hannibal bis Dschingis Khan.

Für die Dichter

Wie tief muß ein Gedicht sein?
Sein Radius wie weit?
Wie hoch muß sein Niveau sein?
Sein Verfasser wie breit?

Für die Jugend

Daß ein junges Glück entstehe,
sucht Mann Frau, sucht Frau die Nähe.
Aber ehe, ehe, ehe,
wenn ich auf das Ende sehe!

ICH ICH ICH

1

Uraltem Weistum folgend,
schreit ich gesegneten Pfad –
»Kann man heut noch so reden?«
Natürlich. Ich tat es doch grad.

2

Freunde zeiht mich nicht der Stumpfheit!
Stimmts nicht an, das alte Lied.
Ihr nicht, die ihr doch der Sumpf seid,
der mich in die Tiefe zieht.

3

Ich bin stolz, ein Deutscher zu sein.
Die Deutschen sind stolz auf mich.
Wie? Der zweite Satz trifft nicht zu?
Dann stimmt auch der erste nicht!

MIR SAN MIR

Wir – hier! –
wir sind vielleicht
ein interessanter Haufen!

Ich komme aus Ichstedt
Du kommst aus Duderstadt
Er kommt aus Erfurth
Sie kommt aus Siegen
Es kommt aus Essen
Wir kommen aus Wieren
Ihr kommt aus Ihringen
Sie kommen aus Siegburg

Aber die – iihh! –
die kommen ja alle
aus Halle.

EIN WORT ZUM »STÖVER FRISCHE-TEAM«

Was weiß ich vom »Stöver Frische-Team«?
Nur dies: Daß es existiert.
Vom fahrenden Zug aus les ich die Schrift,
die ein Kastenbauwerk verziert.

Drin werkelt das »Stöver Frische-Team«.
Doch weshalb? Und womit? Und woran?
Warum als ein Team? Und was meint hier »frisch«?
Und wodurch treibt der Stöver sie an?

Gleichviel! Das frische Stöver-Team
tut dort Tag für Tag seine Pflicht.
Darf ich, was es tut, in Zweifel ziehn?
O nein, Freunde, das darf ich nicht.

Ich bin weder frisch noch Teil eines Teams,
ja selbst Stöver war mir Schall und Rauch.
Bis zum heutigen Tag. Doch jetzt kenne ich ihn
und sein »Stöver Frische-Team« auch.

Wohlan denn, Stöver! Wohlauf denn, Team!
Euch hält der Frischegeist frisch.
Ich aber such mir welk und verbraucht
im Bord-Restaurant einen Tisch.

RUND UM ZWEIFLINGEN

»Da endlich! Da flog ein Reiher auf.
Vom Ufer des Kocher, ein grauer.«
»Ein Graureiher gar?«
»Wie kommt Er darauf?
Der Herr ist ja ganz ein kluger!«

»Am Waldrand stand Wild. Sein Winterfell
glühte im Mittagslicht rötlich.«
»Fress 'n Besen, wenn das nicht Rotwild war!«
»Chapeau! Euer Scharfsinn ist trefflich!«

»Dann das Geschwirr. Im kahlen Geäst
ein Vogelschwarm grün und finkisch.«
»Ein Grünfinkenschwarm etwan?«
»Bester Freund!
Sie sind ja sowas von listig!«

LÄUFT ALLES WIE GESCHMIERT
Neun gut geölte Strophen

Am Strand tönt oft der Schreckensschrei:
»Hast du dein Sonnenöl dabei?«

Doch niemand rätselt aufgeschreckt:
»Hast du dein Erdöl eingesteckt?«

Ein Umstand, der uns Menschen lehrt:
Öl ist nicht Öl. Und umgekehrt.

Die Erde birgt viel Tonnen Öl.
Die Sonne nicht so Sonnenöl.

Das Erdöl spendet Energie.
Das Sonnenöl reibt Er auf Sie.

Beziehungsweise Sie auf Ihn.
Das kostet beide Energien.

Viel Öle gibts auf dieser Welt.
Sie kosten nicht nur Kraft. Auch Geld.

Vom Erdöl lebt der braune Scheich.
Das Sonnenöl macht Weiße reich.

Ob Erd-, ob Sonnenöl – sie schlauchen.
Ein Glück, daß wir kein Mondöl brauchen.

ALTER WEIN

Warm preist ihr mir den alten Wein.
Wie meinen? frag ich kalt.
Was soll das sein: Ein alter Wein?
Bei mir wird Wein nicht alt.

Bei mir ward manches alt und kalt:
Kopf, Rücken, Herz und Bein.
Es schwanden Schönheit und Gestalt.
Beim Wein muß das nicht sein.

Was immer auf der Flasche steht,
ob alt, ob jung der Wein:
Mit etwas gutem Willen geht
beim Reinen alles rein.

REIM UND WEIN UND ZEIT

1970
Was haben wir nur getrunken,
damals, anno Siebzig!
Diesen 1000-Lire-pro-Liter-Wein:
Ex und hopp! Und man übergibt sich.

Wie haben wir dennoch gedichtet!
In den wilden Siebziger Jahren
hatten wir soo einen Kopf, doch in den waren uns
Apoll und die Musen gefahren.

1980
Was dann kam, ist leicht zu erraten.
Die schon teureren 80er-Weine
waren etikettiert, doch die Folge warn nicht
bess're, gar reinere Reime.

1990
Wir tranken uns weiter nach oben,
zu Brunello und Tignanello.
Das Leben war wirklich nicht male,
die Reimkunst weniger bella.

Mag sein, daß sich Weinpreis und Reimgeist
im Unendlichen wieder begegnen.
Bis dahin heißt's: Was zähln schon Reime,
solang Weine das Abendglück s…ichern.

VON SPIEL ZU SPIEL

»Der Mensch ist da Mensch, wo er spielt«,
das trifft's, Herr Schiller. Gut gezielt!

Vom Vorspiel einmal abgesehn –
ein Spiel wird erst durch Regeln schön.

Die – nur ein Beispiel – untersagen,
sich mit, statt auf dem Brett zu schlagen.

Und die beim Fußball darauf zielen,
den Ball nur mit dem Fuß zu spielen.

Denn Hand- wie Foulspiel öffnen Türen,
die statt ins End- zum Nachspiel führen.

Doch stets gilt, daß der Weg das Ziel ist,
weil nach dem Spiel schon vor dem Spiel ist.

KOENIG FUSSBALL

Ein Akrostichon-Sonett
verfaßt in der dunklen Zeit
des Schiedsrichterskandals

Kam einst so stolz daher in Purpurfarben!
Ohn' allen Makel Szepter, Kugel, Krone.
Erhobnen Hauptes saß er auf dem Throne
Nach Herrscherart. Auf seinen Wink erstarben

Im ganzen Lande Handeln, Streben, Hasten.
Gemeinsam ging das Riesenheer Getreuer
Für seinen König samstags durch das Feuer
Und fieberte in Stadien, vor dem Kasten.

Stark schien das Glück. Und mußte doch enteilen,
Seit schnöde Schiris, Geier unter Tauben,
Brutal auf Ehrlichkeit und Fairness pfiffen.

Aufklagend hat das Fußballvolk begriffen:
Land unter! Mit ihm Königstreu und Glauben.
Läßt Zeit *den* Schlag vernarben? Gar verheilen?

WIR WELTMEISTER

Ein Akrostichon-Sonett aus gegebenem Anlaß

Warum wir Deutschen die WM gewinnen?
Ist doch so klar wie Brühe voll von Klößen!
Rings staunt die Welt ob unsrer Fußballgrößen –
Wer nennt die Namen all? Mit wem beginnen?

Erlaßt es mir, die Spieler aufzuzählen!
Letztendlich gab sich keiner jemals Blößen,
Trotzt jeder sowohl Haken wie auch Ösen,
Macht es die Fülle schwer, die Besten auszuwählen.

Erspart mir diese Qual! Was sind schon Fakten?
Ich halte nichts davon, mit names zu droppen,
Säng' ich von einzelnen, ich müßte klügeln:

Team« war schon immer Trumpf, wenn wir »es« packten.
Es wird's auch diesmal schaffen. Nicht zu stoppen,
Rauscht es von Spiel zu Spiel auf Siegers Flügeln.

PETRARCASONETT

Ein Akrostichon

Petrarcagleich ist sie gestimmt. Der Leier
Erhebend Spiel soll laut von Lauren künden,
Traumbild der Nacht, um dann im Tag zu münden,
Rauschüberglänzt. Ein Nachhall jener Feier,

An deren Anfang jeder Braut ein Freier
Reseden schenkt, in die gleich frommen Sünden
Christrosenrot sich mischt, aus dessen Schlünden
Aroma bricht von Weihe und von Weiher.

So war 's geplant. Doch was taugt Dichters Streben
Ohn' allen Beistand hilfsbereiter Musen?
Nicht einen Heller. Nicht mal einen Groschen.

Es ging gut los. Und endet so daneben.
Tut mir echt leid. Ich mag nicht länger zusehn.
Troll mich davon. Und halt fortan die Goschen.

VENEDICHSONETT

Ein Akrostichon

Ver niemals in Venedich ist gewesen,
Ei, der hat wirklich allerhand versäumt.
Nanu! denkt der, der dort war, ganz verträumt,
Ech habe vorher nie davon gelesen,

Daß diese Stadt von Wasser ist umschäumt,
Indem sie, nicht wie Harz und wie Vogesen,
Canz flach sich macht gleich einem blanken Tresen,
Horausgesetzt, man hat ihn aufgeräumt:

So plan ist auch das Wasser der Lagune
Ous dem die Stadt wie eine Göttin steigt.
Nicht möglich! Denkt entgeistert, wer sie sieht.

Er gleicht dem aufgeschreckten Wasserhuhne,
Tem sich am Horizonte etwas zeigt,
Tas es mit jeder Faser zu sich zieht.

ALPHABETISCHES VERZEICHNIS
DER GEDICHTANFÄNGE
UND -*ÜBERSCHRIFTEN*

Abschied   43

Abschied und Willkomm   30

Ach, gebt mir irgendwas   28

Alles Schreiben macht dumm   98

*Als er in der Dresdner Gemäldegalerie das Bild »Heilige Nacht« von Correggio
betrachtete*   64

Als er von Tag zu Tag 1 kg weniger wog   31

Als er zum wiederholten Male das Diözesan-Museum sah   55

Als ich mich noch selber mochte   33

Als ihr euch in die Hände schlugt   74

Als sie da lag, so wächsern starr   38

Alter Wein   107

Am Strand tönt oft der Schreckensschrei   106

Am Totenbett   38

Asymmetrie   24

Au, sagt der Karl   86

Auf einem Baum, blattlos   86

Auf gehts, Büttel!   76

Aus dem Lieder- und Haderbüchlein des Robert G.   17

Aus Stockholm kam der Anruf   88

*Beim Anblick einer aufrüttelnden Botschaft, ausgehängt im Frankfurter
Hauptbahnhof*   54

Blanker Neid auf rote Sommer   94

Blut, Scheiß und Tränen   34

Couplet-Fragment   88

Da endlich! Da flog ein Reiher auf   105

Das Innre der Walnuss   87

Das ist doch das Schöne an den Toten   39

Das nennt man nicht eigentlich schlafen   34

Das Schöne an Alten Meistern   65

Daß ein junges Glück entstehe   101

Das sei sone Sache   83

Der Durchschnittsmensch hat durchschnittlich zwei Beine   69

Der eine rühmt Wald, Hain, Tal, Berg   95
»Der Mensch ist da Mensch, wo er spielt«   109
Der nutzt dem Herrn   91
Der sich das erdachte   40
Der Tag unseres Hundes   90
Der Vornami ward rasch gefunden   87
Derweil im großen Haufen wir auf überfüllten   94
Dialog   21
Die Erinnerung, sagt man   61
Die Frau mit dem bösen Blick   57
Die gute Nachricht   30
Die Krankheit greift den Menschen an   29
Die Maler, sie malen, was wir uns zu denken nicht wagen   64
Dir gesagt   50
Droht einer mit der Zeit   22
Du kommst an, und dein Blick empört sich   9
Durch die Auen, durch die Triften   16
Durch die Landschaft meiner Niederlagen   15
Du warst mir, Liebes   51
Ein breiter Reiter   72
Eine gewisse Vertrautheit ging   48
Einer Mutter Herz   59
Eine Schüttel-Ballade von Büttel Schalade   76
Ein Essen deutscher Dichter   100
Ein immer fremderer Mensch   37
Ein Männlein steht im Walde   85
Ein Penner und ein Banker begegnen dem Dichter auf der Frankfurter Zeil   53
Ein Vergleich   87
Ein Wort zum »Stöver Frische-Team«   104
Entscheidung zur Entkleidung   48
Erbitux   33
Erfolg tut gut   62
Erwachen fröhlicher Gedanken beim Betreten der Hundewiese   90
Es tut mir in der Seele weh   13
Es war einmal ein böser Mann   59
Es war in Frankfurt. Mir gings gut   30
Es war in grauer Novembernacht   78
Finger weg   23
Finger weg!   99
Flache Lache oder Die Sache mit dem S oder Der Sachse   83

Frage nicht: Wie soll das enden? 85

Frage und Antwort 19

Fünf Vokalvertauschungsgedichte 74

Für die Dichter 101

Für die Jugend 101

Für die Studierenden 101

Für Sabine 88

Gedenken 36

Geh aus mein Herz oder Robert Gernhardt liest Paul Gerhardt während der
 Chemotherapie 17

Geh aus mein Herz und suche Leid 17

Gemeinhin bin ich ziemlich breit 72

Genial 96

Großes Montaieser-Mittags-Verweigerungsgedicht vom 30. Mai 2002 12

Gut schaust du aus! 21

Gut und schlecht 30

Gute Gefühle beim Erwachen des Herrchens 90

Gute Vorsätze 85

Haste jut jefuttert? 89

Herbstgedicht 86

Herrgott! Ich fiel aus deiner Hand 19

»Heute schon genial gewesen?« 96

Hier bin ich Hund 90

Hund bei Nacht 84

I A E O U 86

Ich bin nicht mehr, der ich mal war 27

Ich bin so ringelnatz erwacht! 93

Ich bin viel krank 25

Ich glaube nicht an Dankbarkeit 61

Ich hatte gar nicht mit ihr gerechnet 46

Ich hob mich in ein ander Land 80

Ich ich ich 102

Ich könnte mir vorstelln 43

Ich und er, dreisilbig 82

Ich und er, einsilbig 79

Ich und er, einsilbig zum zweiten 80

Ich und er, zweisilbig 81

Ich war ein Knab, der Disteln köpfte 81

Ich war noch jung. Ich wienerte 82

Ihr schreibt vom »unerhörten Blau« 97

In einem Bächlein helle   92

In Erwartung des Abendganges   91

Ins Dunkel sinkt die Helligkeit   91

Ist doch so   62

Ist eine böse Lust   49

Kam einst so stolz daher in Purpurfarben!   110

Knabberwix   85

König Fußball   110

Krebsfahrerlied oder Auf dem Weg zur Chemotherapie im Klinikum
   Valdarno oder Die Hoffnung stirbt zuletzt   16

Langnase zeigt   56

Läuft alles wie geschmiert   106

Liebe und Tod   41

Lied der Toscana-Deutschen   70

Lied vom Lachen   69

Lob der Krankheit   22

Mächtig was los   86

Malade Ballade   78

Man gönnt sich ja sonst nichts   90

Man schätzt den Wickeltisch zu recht   86

»Mein Fleisch gehört mir!«   54

Meine Zehen: Gestorben   33

Mein Kind, ich will ja nichts von dir   50

Menschen mangelt es oft am Respekt vorm Künstler   63

Merkverse   61

Michaela am heißesten Tag des Jahres   46

Mir san mir   103

Mittagsfragen an die Katz   89

Münchner Multikulti oder Beim Vietnamesen   56

Nachbarhundehalter   89

Nach dem Befund: »'s liegt Darmkrebs vor«   23

Nachdem er am Abend zuvor lange in der roten Gesamtausgabe der Joachim-
   Ringelnatz-Gedichte gelesen hatte   93

Namensfindung   87

Natürlich   44

Natürlich ist mir auch manchmal zum Weinen   44

Nicht eigentlich   34

Nie werd ich den sterbenden Fritz vergessen   36

Nu   32

Nu liegste wieder flach   32

Nur dem, der früh studieren tut   101
Nu reckt er sich   90
Oben blut ich, unten scheiß ich   34
O Robert hoch in Schulden   17
O Robert hoch in Schulden   20
Paderborn, arme Stadt   55
Petrarcagleich ist sie gestimmt   112
Petrarcasonett   112
Poeten, die nicht zeichnen können   99
Povera Toscana 1998   9
Querüberntisch Durs Grünerbein   100
Reim und Wein und Zeit   108
Robert, ach du Armerchen   20
Rückblick, Einsicht, Ausblick   15
Ruhmesblatt   95
Rund um Zweiflingen   105
Sabine, Sabine   88
Sag selbst: War das nicht schierer Wahnsinn   75
Sag, wie hältst du's mit der Liebe?   41
Sagt ja nicht: »Alles Kinderkram!«   74
Schreiben und Malen   98
Schuldchoral I   17
Schuldchoral II   20
Schwarze Zypressen in Bläue gefaßt   70
Sie ist mir ganz abhanden gekommen   52
Sie rieten mir zu   24
Sollst dich nicht am Durchfall stören   31
Sollte dich das nicht mehr anmachen   45
So war es, als ich leidend lag   79
Stachelschweine fräßen seine Ernten   14
Stammbuchverse   101
Sternstunde der Sprachkritik   97
Strategien   29
Toscana, 2002   11
Totengedenken   39
Trägst den Tod in dir?   42
Trostgedicht   51
Trotz   20
Über unserm Leben liegt ein Schatten   26
Unhappy End   52

Unserer Mutter, am 1. August 2004   37
Unsre Welt ist voller Wunder   87
Uraltem Weistum folgend   102
Variationen über ein Thema von Christian Friedrich Daniel Schubart
  samt einem Fazit   92
Venedichsonett   113
Ver niemals in Venedich ist gewesen   113
Vertikale Bestandsaufnahme während der xten Chemotherapie   33
Vom Fall ins All   32
Vom Gewicht   42
Vom Glück des Rückblicks   91
Vom Hunger   49
Vom Künstler   63
Vom Paar   26
Vom Schönen, Guten, Wahren   65
Vom Wissen ums Sterben   40
Von den Nebenwirkungen   30
Von der Schönheit   66
Von Fall zu Fall   19
Von Spiel zu Spiel   109
Von viel zu viel   25
Von zweierlei Schweinen   14
Vorfreude auf den Mittagsschlaf   90
Walderkenntnis   85
Warm preist ihr mir den alten Wein   107
Warnung   45
»Warum muß das alles sein?«   19
Warum wir Deutschen die WM gewinnen?   111
Was haben wir nur getrunken   108
Was ich auch immer nehme auf   32
Was weiß ich vom »Stöver Frische-Team«?   104
Was wohl der Hund bei Nacht denkt?   84
Weißt du noch – wir in Wien?   75
Welt der Wunder   87
Welt im Wandel   27
Wenn eine, welche Wanda heißt   74
Wenn ich mich aufsetzte   12
Wer sie nicht kennt, die wilde Nacht   74
Wiedersehn und Abschied am 27. Juni 2004   13
Wie immer dann, wenn Schönheit uns packt   66

Wie schön das blühende Leben!   35
Wie tief muß ein Gedicht sein?   101
Wir – hier! –   103
Wir mußten unsern Hund verhauen   89
Wir Weltmeister   111
Woran ich glaube   61
Worte, Worte   35
Wort und Widerwort   61
Wunsch   28
Zuweilen schafft der Wille Wort   74
Zwischen dem Penner und mir da klafft   53
Zypressen muß ich nicht haben   11

Robert Gernhardt
Gesammelte Gedichte
1954–2004
1072 Seiten. Gebunden

Über fünfzig Jahre lang hat Robert Gernhardt gedichtet. 1954 begann der Gymnasiast im Ton von Trakl und Benn zu reimen, heute gilt Robert Gernhardt, der im Juni 2006 verstarb, als einer der bedeutendsten Lyriker deutscher Sprache. Seine Meisterschaft: der elegante Balanceakt zwischen Leichtem und Schwerem, zwischen der Komik des Lebens und dem bitteren Ernst menschlichen Strebens. Er war ein Virtuose, dessen Reim auf unsere Zeit die Gegenwart aufs Genaueste widerspiegelt.

»Robert Gernhardt macht eigentlich nicht Lyrik,
sondern schieres Glück«
Eva Menasse, Frankfurter Allgemeine Zeitung

S. Fischer

Robert Gernhardt
Vom Guten, Schönen, Baren
Die schönsten Bildergeschichten und Bildgedichte
Band 17499

Robert Gernhardt präsentiert einen prallen, höchst ver-
gnüglichen und doch zuweilen bitterbösen Band über die
alltäglichen Absurditäten des Lebens. »Vom Schönen, Guten,
Baren« versammelt die schönsten Bildergeschichten und Bild-
gedichte aus Gernhardts Gesamtwerk. Ein beeindruckendes
Opus magnum des Zeichners und Satirikers Robert Gern-
hardt.

Fischer Taschenbuch Verlag

fi 17499 / 1

Robert Gernhardt
Gesammelte Werke

Berliner Zehner
Hauptstadtgedichte
Band 15850

Die Blusen des Böhmen
Geschichten, Bilder,
Geschichten in Bildern
und Bilder aus
der Geschichte
Band 13228

Es gibt kein richtiges
Leben im valschen
Humoresken aus
unseren Kreisen
Band 12984

Die Falle
Eine Weihnachtsgeschichte
Band 15768

Glück Glanz Ruhm
Erzählung Betrachtung
Bericht
Band 13399

Herz in Not
Tagebuch eines
Eingriffs in einhundert
Eintragungen
Band 16072

Ich Ich Ich
Roman
Band 16073

Im Glück und
anderswo
Gedichte
Band 15751

In Zungen reden
Stimmenimitationen
von Gott bis Jandl
Band 14759

Kippfigur
Erzählungen
Band 16511

Fischer Taschenbuch Verlag

fi 555 034 / 2 / a

Robert Gernhardt
Gesammelte Werke

Klappaltar
Drei Hommagen
Band 16906

Körper in Cafés
Gedichte
Band 13398

Der letzte Zeichner
Aufsätze zu Kunst
und Karikatur
Band 14987

Lichte Gedichte
Band 14108

Lug und Trug
Drei exemplarische
Erzählungen
Band 16074

Ostergeschichte
Band 16071

Über alles
Ein Lese- und
Bilderbuch
Band 12985

**Was deine Katze
wirklich denkt**
Band 16654

Wege zum Ruhm
13 Hilfestellungen
für junge Künstler
und 1 Warnung
Band 13400

Weiche Ziele
Gedichte 1984–1994
Band 12986

Wörtersee
Gedichte
Band 13226

Fischer Taschenbuch Verlag

fi 555 034 / 2 / b

Hell und Schnell

555 komische Gedichte aus 5 Jahrhunderten
Herausgegeben von Robert Gernhardt und
Klaus Cäsar Zehrer
621 Seiten. Gebunden

Heine, Busch, Morgenstern, Wedekind
in diesem Buche* versammelt sind.
Ringelnatz, Valentin, Loriot
ebenso.
Und wo sind Goethe und Hölderlin?
Auch mit drin.**

* die abwechslungs-, lehr- und geistreichste Sammlung
komischer Gedichte deutscher Sprache.

** sowie mehr als zweihundert weitere helle und
schnelle, altbekannte und neuentdeckte, historische
und heutige, hochkomische und tiefsinnige Dichter,
Liedtexter, Sprachspieler und Parodisten.

»Gründlicher und vollständiger ist man
über das komische Gedicht in deutscher Sprache
noch nicht unterrichtet worden.«
Thomas Steinfeld, Süddeutsche Zeitung

S. Fischer

Robert Gernhardt
Denken wir uns
Erzählungen
288 Seiten. Gebunden

Der große Dichter und Denkspieler Robert Gernhardt lädt den Leser noch einmal in die von ihm ver- und bedichtete Welt ein: in den verschatteten Lesesaal einer toskanischen Abtei nahe Montaio, in Jan Vermeers Atelier nach Delft und immer wieder in die Mainmetropole, in die Runde dreier Freunde, die sich mit »Geschichtsrosinen aus dem Lebenskuchen« zu überbieten versuchen. Mit seinem letzten abgeschlossenen Werk legt Robert Gernhardt wunderbar leichte Erzählungen vor, die sein unerschöpfliches komisches Talent noch einmal demonstrieren.

S. Fischer